4. Auflage

Druck und Einband: Proost, Turnhout 1997
ISBN 3-451-23203-0

Elmar Gruber

MEIN MESSBUCH

Mit Bildern von Constanza Droop

Herder
Freiburg · Basel · Wien

Gott ist wie ein Haus;
man kann hineingehen,
man kann sich in ihm versammeln
und in ihm sein.

Die Glocken rufen uns.
Gott ruft uns zusammen.

Jesus begrüßt uns
durch den Priester.
Er ist bei uns,
wenn wir versammelt sind.

Wenn wir uns freuen,
daß wir beisammen sind,
spüren wir die Liebe Jesu.

Oft sind wir traurig, schuldig und belastet.
Wir bitten Jesus um sein Erbarmen,
daß er uns die Liebe schenkt,
damit wir gut und stark werden
und einander verzeihen können.

Jesus sagt:

Gott ist wie ein barmherziger Vater,
der dem verlorenen Sohn alles verzeiht.

Mit einem Gebet
oder mit einem Lied
sagen wir Gott,
daß wir froh sind, daß es ihn gibt
und daß er bei uns da ist.

Der Priester betet für uns alle,
damit wir und alle Menschen
als Schwestern und Brüder
froh leben können.
Gott ist unser Vater und unsere Mutter,
alle Menschen sind seine Kinder.

In einem Heiligen Buch, der Bibel,
sind Geschichten aufgeschrieben,
die uns erzählen,
was die Menschen früher
mit Gott erlebt haben
und was Jesus gesagt und getan hat.

In dem Heiligen Buch steht zum Beispiel,
wie Gott das Volk Israel
durch das Meer geführt
und aus der Sklaverei gerettet hat.

Dieses Buch erzählt auch ein Gleichnis
über die Nächstenliebe :
Der barmherzige Samariter
half einem wildfremden Menschen,
den Räuber überfallen hatten.

Gott ist die Liebe,
er will, daß wir
einander lieben.

Der Priester
oder eine Frau oder ein Mann,
die Gott gut kennen,
sprechen uns an.
Sie sagen uns,
wie Gott heute für uns da ist
und was Gott von uns will.

Wir glauben
an Gott,
an Jesus,
an die Gemeinschaft,
an das ewige Leben.

Wir sagen Gott,
daß wir an ihn glauben
und an alles,
was er getan hat.
Der gemeinsame Glaube
verbindet uns.
Wir sind
das Volk Gottes.

Wir bringen Brot und Wein
und uns selber vor Gott.

Wir bitten, daß Gott

uns und unsere Gaben annimmt
und daß er sich selber uns schenkt,
wenn wir Brot und Wein
wieder von ihm empfangen.

CAFE
12

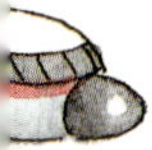

Der Priester spricht
ein feierliches Dankgebet,
weil Gott ganz heilig ist.
Gott heilt uns und die ganze Welt.

Der Priester
sagt und tut,
was Jesus
beim Abendmahl
gesagt und getan hat.
Nehmt hin und eßt,
nehmt hin und trinkt,
das bin ich.

Im Brot
und im Wein
ist Jesus wirklich da
und gibt sich
den Menschen hin.

Wir denken an alles, was Jesus getan hat.
Wir denken an alle Menschen,
die es gab und die es gibt.
Jesus liebt sie alle.

Bei Jesus leben auch unsere Toten.
Er verbindet uns mit ihnen.
Die ganze Welt
liegt in Gottes Hand.

Wir beten alle
das Gebet, das Jesus uns selber
gelehrt hat:

Vater unser im Himmel,
Geheiligt werde dein Name.
Dein Reich komme.
Dein Wille geschehe,
wie im Himmel so auf Erden.

Unser tägliches Brot
gib uns heute.
Und vergib uns unsere Schuld,
wie auch wir vergeben
unsern Schuldigern.

Und führe uns nicht in Versuchung,
sondern erlöse uns von dem Bösen.

Denn dein ist das Reich
und die Kraft
und die Herrlichkeit
in Ewigkeit. Amen.

Jesus gibt uns
die Freude und den Frieden.
Wir geben die Freude und den Frieden
einander weiter.
Wir reichen uns die Hand
oder umarmen uns,
damit wir die Freude und den Frieden
spüren können.

Der Priester zeigt uns
im Brot und im Wein das Lamm Gottes.

Jesus ist das Lamm Gottes,
das sich den Menschen hingibt,
weil er wie ein Lamm
die Menschen und ihre Bosheit
ausgehalten hat.
Er ist nicht fortgelaufen,
als ihn die Menschen verurteilt
und getötet haben.
Seine Liebe ist stärker
als die Bosheit aller Menschen
und stärker als der Tod.

Wir empfangen
das heilige Brot
und manchmal auch
den heiligen Wein.

Wir nehmen
beim Essen und Trinken
Jesus in uns auf,
damit wir ganz
aus seiner Freude
und aus seiner Liebe
leben können.

Das übrige Brot
wird aufgehoben im Tabernakel.
Es ist das Zeichen,
daß Jesus wirklich da ist.
Darum ist die Kirche
das Haus und die Wohnung Gottes.

Der Priester dankt für die Tat Gottes
in dieser Feier
und bittet, daß sich die Tat Gottes
in unserem Leben auswirkt.

Jesus sagt durch den Priester:
Gehet hin in Frieden.
Jesus hat uns –
wie damals seine Jünger –
in seine Nähe gerufen.

Er sendet uns –
wie damals seine Jünger –
zu den Menschen,
damit wir allen Menschen
seine Nähe und seinen Frieden bringen.

Was man von Gott wissen muß

Eltern, die selbst zur Kommunion gehen, können ihre Kinder schon im Kindergartenalter im Einvernehmen mit ihrem Seelsorger selbst zur Kommunion vorbereiten und mitnehmen. Zur Vorbereitung könnten sie Folgendes vermitteln:

1. Gott ist die Liebe, und die Liebe ist Gott. Wo die Liebe ist, ist Gott. Gott kann nur lieben. Er liebt alle Geschöpfe bedingungslos, und er hört nie auf, sie zu lieben.

2. Gott hat alle Geschöpfe und die Menschen aus Liebe erschaffen, und er erhält sie aus Liebe am Leben. Auch wenn unser Körper einmal stirbt, liebt uns Gott weiter im ewigen Leben. Gott speist die Menschen durch die Natur. Die Bibel erzählt, daß die Menschen ursprünglich in der Liebe Gottes ganz glücklich waren. Im Essen und Trinken der Gaben Gottes (Wurzeln, Sprossen [Salat], Samen [Brot], Früchte, Wasser, Saft usw.) haben sie sich die Liebe Gottes einverleibt. Sie haben „geschmeckt", wie lieb sie Gott hat. Sie haben ihm ganz vertraut und haben sich gefreut, daß er sie gemacht hat.

3. Auf einmal haben die Menschen an der Liebe Gottes gezweifelt und bestimmten selber, was für sie gut und böse ist. Dadurch wurden sie unglücklich und sind es bis heute. Sie können die Liebe Gottes nicht mehr spüren, weil sie alles selber machen und nicht mehr aus der Hand Gottes annehmen. Sie strafen sich selber. Gott straft sie nicht, er liebt sie weiter, wenn er auch nicht verhindern kann, daß sie weggehen und Böses tun. Menschen, die Gott nicht vertrauen, geht die Liebe aus, und sie bekommen immer mehr Angst.

4. Gott tut alles, damit die Menschen wieder vertrauen können. Er wird Mensch, damit er ihnen seine Liebe ganz menschlich zeigen kann. In Jesus ist die Liebe Gottes verkörpert. Jesus ist ganz aus

Liebe, er liebt alle Menschen, gleichgültig ob sie gut oder böse sind. Was er sagt und tut, zeigt alles die unendliche Liebe Gottes. Alle Menschen sollen spüren, daß sie Geliebte sind. Dann können sie nichts Böses mehr tun. Sie machen Frieden und teilen miteinander. Jesus läuft auch nicht davon und wehrt sich nicht – wie ein Lamm –, als ihn die Menschen hassen und töten. Er gibt sich den Menschen hin, er opfert sich ihnen. So ist sein Tod am Kreuz der Beweis dafür, daß Gottes Liebe stärker ist als der Tod und alle Bosheit der Menschen. Das ermutigt uns, daß wir wieder ganz auf die Liebe Gottes vertrauen und glücklich und frei von Angst werden, auch wenn es das Leid und den Tod und vieles gibt, was wir nicht verstehen. Wie die Blumen auf dem Feld und die Vögel des Himmels sollen wir vertrauen. Gott erhält sie. Von Jesus wird auch erzählt, daß er die Menschen wunderbar gespeist hat, damit sie erinnert werden, daß Gott sie liebt.

5. Alles, was ist, hat eine Außenseite und eine Innenseite. Wenn ich ein Geschenk mache, dann ist das Geschenk die Außenseite und meine Liebe die Innenseite. Am meisten freut immer die Innenseite des Geschenkes. Beim Abendmahl reicht Jesus seinen Jüngern Brot und Wein und sagt: Das bin ich. Brot und Wein sind die Außenseite, die Innenseite ist die Liebe Gottes, die die Menschen schon im Paradies beim Essen und Trinken gekostet haben und die sich jetzt in Jesus verkörpert. Jesus will ganz in uns sein, damit wir immer wissen, daß wir ewig Geliebte sind, auch wenn uns die Menschen enttäuschen, auch wenn wir leiden und sterben müssen. Jesus gibt sich uns hin, damit auch wir anfangen können, so zu lieben wie er, nicht nur unsere Freunde, sondern auch die Feinde – alle Menschen und Geschöpfe. Durch unser Feiern (Eucharistiefeier, Meßfeier, Abendmahlsfeier) ist all das gegenwärtig, was Jesus damals getan und gewirkt hat. Wer die Liebe Gottes, die sich in Jesus verkörpert, in ganz besonderer sinnenhafter Weise spüren und in sich aufnehmen will, damit er daraus leben kann, muß sich mit den andern Gläubigen um den „Tisch des Herrn“ versammeln und das Jesusmahl feiern.